MEUBLES ANCIENS

DU XVIIIᵉ SIÈCLE

Meubles de Style

BRONZES — SCULPTURES — PORCELAINES

BELLE BOISERIE

Fenêtres — Glaces — Consoles

D'époque Régence et Louis XV

APPARTENANT A M. LE COMTE DE X***

Et provenant en partie du Château de F***

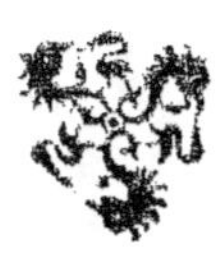

EXEMPLAIRE DE H. STETTINER

PARIS 1905

CATALOGUE

DES

MEUBLES ANCIENS

DU XVIIIe SIÈCLE

MEUBLES DE STYLE

Commodes, Bureaux, Consoles, Vitrines, Armoires, Chiffonnier
Tables, Lits, Buffet, Horloges, etc.

SIÈGES GARNIS EN ANCIENNE TAPISSERIE

Chaise longue, Bergères, Fauteuils, Chaises

BELLE BOISERIE — FENÊTRES D'ÉPOQUE RÉGENCE

GLACES, CONSOLES DU TEMPS DE LOUIS XV

Bois sculptés

SCULPTURES EN MARBRE

Grands Vases, Cheminées d'époque Louis XV et Louis XVI, Terre cuite

BRONZES D'ÉPOQUE ET STYLE LOUIS XV ET LOUIS XVI

Appliques, Lustres, Girandoles, Flambeaux, Porcelaines, Faïences

APPARTENANT A M. LE COMTE DE X***

Et provenant en partie du Château de F***

DONT LA VENTE, AUX ENCHÈRES PUBLIQUES, AURA LIEU

HOTEL DROUOT, SALLE N° 6

Le Jeudi 7 Décembre 1905, à 2 heures 1/2

COMMISSAIRES-PRISEURS

Me DESAUBLIAUX | Me LAIR-DUBREUIL

16, rue Sainte-Cécile, 16   6, rue de Hanovre, 6

EXPERT

M. ARTHUR BLOCHE, 51, rue Saint-Georges

Chez lesquels se distribue le Catalogue

EXPOSITION PUBLIQUE

Le Mercredi 6 Décembre 1905, de 2 heures à 6 heures

CONDITIONS DE LA VENTE

Elle sera faite au comptant.

Les acquéreurs paieront *dix pour cent* en sus des enchères.

L'exposition mettant le public à même de se rendre compte de l'état des objets, il ne sera admis aucune réclamation une fois l'adjudication prononcée.

Paris, Imp. Georges Petit. — 16043-05.

DÉSIGNATION

MEUBLES ANCIENS
et de style

1 — JOLIE COMMODE en bois de rose et bois de violette, d'époque Louis XV, signée : *Dubois;* elle est garnie de deux tiroirs et ornée de bronzes ciselés et dorés. Dessus en marbre brèche d'Alep.

3.200

2 — COMMODE de forme ventrue, en marqueterie de bois de placage, d'époque Louis XVI, garnie de deux tiroirs avec poignées et entrées de serrures en bronze ciselé. Dessus en marbre de couleur.

790

3 — COMMODE en palissandre, d'époque Louis XV, garnie de trois tiroirs et ornée de bronzes. Dessus de marbre gris.

820
J° Stirbey

4 — GRAND BUREAU à cylindre en acajou moucheté, d'époque Louis XVI, décoré d'une frise à entrelacs et rosaces en bronze doré, dessus en marbre blanc à galerie de cuivre.

2.800
Allain

1.800
Flameng

5 — MEUBLE D'APPUI en acajou, ouvrant à trois vantaux pleins, montants à cannelures et pointes
d'asperges ; dessus en marbre. Époque Louis XVI.

4.900

6-7 — DEUX CONSOLES en bois sculpté et doré, d'époque
Régence, posant sur quatre pieds reliés par un
croisillon ; bandeau au chiffre royal, offrant aux
angles des écussons à la croix de Lorraine. Dessus
en marbre.

525

8 — VITRINE en bois de violette, ouvrant à deux
vantaux vitrés. Époque Louis XV. Ornements en
bronze.

1.200
Paulme

9 — PETITE ARMOIRE à deux portes pleines en marqueterie de bois de rose et filets de citronnier, d'époque Louis XV. Dessus de marbre.

600

10 — CHIFFONNIER à abattant et quatre tiroirs, en
acajou ; montants cannelés à pointes d'asperges,
entrées de serrures forme écussons en bronze doré.
Époque Louis XVI. Dessus de marbre blanc.

450

11 — SECRÉTAIRE Louis XV, en bois de violette fileté
de bois rose, le haut à abattant, le bas à deux
vantaux pleins. Dessus de marbre.

1.020

12 — CONSOLE D'APPLIQUE en bois sculpté au naturel,
d'époque Louis XV, bandeau à jour sur deux
pieds reliés par un motif d'ornements. Dessus
de marbre.

295   13 — Table de tric-trac Louis XV, en bois de violette
et de thuya, garnie de deux tiroirs aux extrémités.

400   14 — Table-bureau Louis XV, en bois de rose, ornée
de bronzes et garnie de deux tiroirs aux extrémités. Dessus en cuir.

550   15 — Bureau en acajou sur quatre pieds cannelés,
entrées des serrures en bronze ; moulure en cuivre,
dessus en cuir. Époque Louis XVI.

1850   16 — Grande console en chêne sculpté Régence ; ban-
Favre   deau à coquille et rinceaux, entrejambe à motif
feuillagé central. Dessus en marbre contourné.

285   17 — Petite table rectangulaire en acajou, à moulures
de cuivre. Dessus en marbre blanc. Époque
Louis XVI.

245   18 — Console forme demi-lune en chêne sculpté
Louis XVI, bandeau à cannelures feuillagées sur
quatre pieds cannelés. Dessus de marbre.

275   19 — Console en bois sculpté peint blanc, d'époque
Louis XV. Dessus en marbre.

350   20 — Table à coiffer Louis XV, en bois de rose. Intérieur gainé de soie jaune.

400   21 — Lit en bois sculpté peint blanc, d'époque
Louis XV, fronton à coquille ; garni en toile de
Jouy. Avec sommier, matelas et traversin.

210

22 — TABLE-BUREAU en bois de violette, d'époque Louis XV; garnie de deux tiroirs, dont un servant d'écritoire. Dessus en maroquin.

505

23 — PETITE TABLE-BUREAU en bois de violette, d'époque Louis XV; garnie d'un tiroir formant écritoire. Dessus en maroquin vert.

190

24 — TABLE A JEU en marqueterie de bois, dessin à vase de fleurs, oiseaux et ornements variés. Travail hollandais.

225

25 — PETITE TABLE ovale en acajou, sur quatre pieds et tablette d'entrejambe; dessus de marbre blanc, à galerie de cuivre. Époque Louis XVI.

140

26 — TABLE DE NUIT Louis XV, en bois de placage; dessus de marbre blanc.

185

27 — PETITE TABLE de chevet Louis XV, en bois de rose; dessus de marbre, avec tiroir sur un côté.

260

28 — PETITE TABLE-GUÉRIDON sur trois pieds, avec tablette d'entrejambe, en acajou; dessus de marbre blanc, à galerie de cuivre. Époque Louis XVI.

400

29 — PETITE CONSOLE D'APPLIQUE en bois doré, d'époque Louis XVI; bandeau à entrelacs et rosaces; dessus de marbre.

30 — Baromètre-thermomètre en bois sculpté et doré,
d'époque Louis XVI ; fronton à brûle-parfums,
enguirlandé de feuillages.

380

31 — Deux consoles supports d'appliques, en bois
sculpté, formant chapiteaux à feuilles d'acanthe
détachées.

32 — Petite glace, cadre en bois laqué et peint dans
le goût chinois. Époque Louis XV.

33 — Écran en noyer sculpté Louis XIV ; feuille en
ancienne tapisserie au petit point, à figures de
musiciens dans un paysage. Revers en ancien
damas rouge.

700

34 — Table de nuit en bois de violette fileté de bois
de rose. Époque Louis XV. Dessus de marbre.

240

35 — Horloge en bois sculpté Régence, peinte en
blanc, dessin à coquilles et rinceaux.

250

36 — Horloge en noyer marqueté de citronnier et de
bois noir.

200

37 — Grande armoire en chêne sculpté, peint blanc,
ouvrant à deux portes, à encadrements et corbeilles de fleurs. Époque Louis XV.

405

38 — Grande armoire Régence, en chêne sculpté ;
dessin à encadrements de moulures et corbeilles
de fleurs.

200

100

39 — Armoire en chêne sculpté, à ornements, rocailles et trophées. Époque Régence.

440

40 — Buffet à deux corps, en chêne sculpté Louis XIV, ouvrant à quatre vantaux pleins, fronton à mascaron.

SIÈGES

1.600

41 — Grand canapé en bois sculpté d'époque Louis XV, garni en velours gris côtelé.

1.050

42 — Chaise longue en chêne sculpté Régence, garnie de velours gris côtelé, avec coussin et traversin en même étoffe.

535

43 — Fauteuil en noyer sculpté, d'époque Régence, garni en ancienne tapisserie dite verdure.

1.400
Pauline

44 — Fauteuil en bois sculpté, d'époque Régence, garni en ancienne tapisserie à vases de fleurs.

955

45 — Deux fauteuils en bois sculpté peint blanc, d'époque Louis XV, garnis en ancienne tapisserie au petit point à pavots et feuillages.

450

46 — Bergère en bois sculpté peint blanc, d'époque Régence ; garniture et coussin en velours rouge.

400   47 — BERGÈRE en bois sculpté peint blanc, d'époque Louis XV, avec coussin et garniture en toile de Jouy fond gris.

500 *Pauline*   48 — BERGÈRE en noyer sculpté, d'époque Louis XV, garnie de velours fond rouge, à raies blanches et fleurettes.

405 *Fraenkel*   49 — PARTIE DE CHAISE LONGUE en bois sculpté peint blanc, d'époque Louis XV, garni de velours fond brun, à fleurettes, avec coussin en même étoffe.

320   50 — DEUX FAUTEUILS en bois sculpté Louis XV, garnis en velours gris côtelé.

310   51 — FAUTEUIL de bureau d'époque Louis XV, en noyer sculpté et canné ; garni en cuir brun.

305   52 — FAUTEUIL de bureau en noyer sculpté, d'époque Louis XVI ; garni de canne et de cuir brun, avec coussin.

350   53 — BERGÈRE en bois sculpté peint blanc, d'époque Louis XVI, avec garniture et coussin en soie orange.

115   54 — CHAISE en bois sculpté laqué blanc, d'époque Louis XVI ; garnie en toile brodée, à fleurs et feuillages.

955

55 — Quatre chaises en bois sculpté peint blanc,
d'époque Louis XVI, décor à feuilles d'eau ; garnies en velours vert.

1.100
Morst

56 — Canapé, quatre fauteuils et huit chaises en
noyer sculpté Louis XV, garnis de canne. Les
fauteuils et les chaises sont accompagnés de coussins en cuir brun.

541

57 — Cinq chaises en bois sculpté à croisillon Régence ;
garnies de canne dorée et accompagnées de coussins en soie orange.

300

58 — Deux chaises en bois sculpté à croisillon Régence ;
garnies de canne dorée, avec coussins en soie
orange.

135

59 — Deux chaises en bois sculpté peint blanc, d'époque Louis XVI, dossiers à médaillon ; garnies en
velours fond gris, à fleurs rouges.

105

60 — Tabouret en bois sculpté peint blanc, d'époque
Louis XV, recouvert en velours rouge à raies
blanches et fleurettes.

BOISERIE
Glaces, Bois sculptés.

13.100
Mᵐᵉ Gaillard

61 — Très belle boiserie de salon, sculptée et peinte
en blanc, d'époque Régence, composée : d'environ
vingt panneaux, de deux portes et d'une grande

cheminée à deux corps, bandeau feuillagé à moulures et rosaces, surmonté d'un trumeau à rinceaux, entrelacs et oves, couronné par un fronton à tête de femme sculptée, disposé pour recevoir une glace.

62 — DEUX GRANDES GLACES dans des encadrements, formés de montants à feuillages enguirlandés de fleurs, frontons à coquilles et posant sur des consoles de même travail à dessus de marbre. Époque Louis XV.

63 — QUATRE CHAMBRANLES DE FENÊTRES en bois sculpté, peint blanc, d'époque Régence ; le haut à voussures décorées d'un médaillon à ornements et rosace centrale. Avec quatre doubles vantaux vitrés garnis de ferrures et huit volets pleins.

64 — FAUSSE CHEMINÉE Louis XV, en bois sculpté.

65 — GRAND PANNEAU en chêne sculpté, formant trumeau, avec glace surmontée d'un motif sculpté à carquois, torches et guirlandes de fleurs et de feuillage.

66 — GRANDE GLACE-TRUMEAU en deux parties ; cadre en bois sculpté, peint blanc Louis XVI, décoré dans la partie supérieure d'une peinture en camaïeu violet : *Nymphes surprises.*

67 — GLACE en deux parties, dans un encadrement en bois sculpté peint blanc, fin Louis XV.

68 — GLACE en deux parties ; cadre en bois sculpté
et doré Régence ; fronton à tête de femme sculptée
en relief.

69 — DÉPART D'ESCALIER, composé d'un montant et
d'une amorce de rampe en bois sculpté, d'époque
Louis XV.

70 — GRAND FRONTON en bois sculpté, peint blanc, à
volutes feuillagées et guirlandes de fleurs. XVIIIe
siècle.

71 — QUATRE DESSUS DE PORTES en bois sculpté peint
blanc à guirlandes de fleurs et nœuds de rubans
Louis XVI.

SCULPTURES

72 — PAIRE DE GRANDS VASES sur piédouches en marbre
blanc ; culots à godrons ; sur socles quadrangu-
laires également en marbre blanc.

73 — GRANDE CHEMINÉE en marbre de couleur d'époque
Louis XV.

74 — CHEMINÉE d'époque Louis XVI en marbre rose à
colonnes détachées ; ornements en bronze doré.

75 — CHEMINÉE en marbre gris d'époque Louis XV.

76 — STATUETTE en terre cuite : *Bacchante dansant*.

BRONZES

195   77 — Paire d'appliques d'époque Louis XV, en bronze doré, à deux lumières disposées pour l'électricité.

185   78 — Paire de girandoles à trois lumières, en bronze argenté, d'époque Louis XV.

160   79 — Paire de girandoles à trois lumières, en bronze doré, d'époque Louis XVI.

710   80 à 82 — Trois paires d'appliques Louis XV, à deux lumières, en bronze doré, disposées pour l'électricité.

83 — Paire d'appliques Louis XV à trois lumières, en bronze doré.

3 35   84 — Paire d'appliques Louis XVI en bronze doré, forme écusson feuillagé à une lumière.

400   85 — Vase sur piédouche en bronze doré Louis XVI, intérieur en verre bleu.

86 — Paire de flambeaux en bronze doré, xviiie siècle. Disposés pour l'électricité.

305   87 — Lustre en bronze Louis XV, à treize lumières, orné de cristaux. Disposé pour l'électricité.

125 88 — LANTERNE d'antichambre en bronze, époque Louis XVI, garnie de trois lumières. Disposée pour l'électricité.

PORCELAINES, FAIENCES
Argenterie, Tapisserie

400 89 — GRAND VASE à anses torses, en ancienne faïence de Nevers, fond gros bleu, sur socle en bronze doré.

90 — SOUPIÈRE avec son couvercle en ancienne porcelaine de Chine, décor à personnages, réserves de fleurs et d'oiseaux.

105 91 — PAIRE DE POTICHES à couvercles en porcelaine du Japon, à décor polychrome.

92 — PAIRE DE LAMPES formées de potiches en porcelaine du Japon, à décor bleu, rouge et or, monture en bronze. Disposées pour l'électricité.

93 — PAIRE DE VASES-ROULEAUX en porcelaine de Chine, fond bleu, à réserves de personnages, animaux et paysages.

94 — PAIRE DE VASES en porcelaine de Chine, décorés d'arbres fleuris et d'oiseaux.

95 — Pot à couvercle, en vieux Japon, décor en bleu, rouge et or.

96 — Corbeille en ancienne faïence ajourée, décorée en relief de branches fleuries. Intérieur en cristal.

97 — Porte-huilier en argent ciselé, d'époque fin Louis XV, avec burettes en cristal.

98 — Tapisserie verdure.

99 — Objets omis.

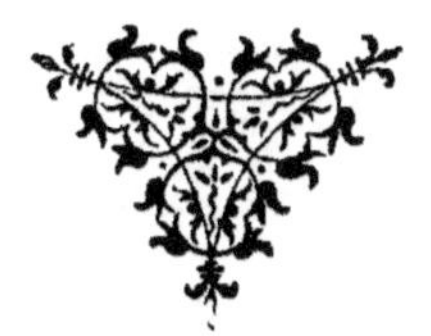

www.ingramcontent.com/pod-product-compliance
Lightning Source LLC
LaVergne TN
LVHW011007180726
843502LV00007B/2382